Basteln für Mutter+Kind
leicht gemacht

Genehmigte Sonderausgabe für:
Nebel Verlag GmbH, Erlangen/Utting

Gestaltung: Andreas Dorn
Lektorat: Aliya Bohnsack

ISBN 3-89555-211-9

1 2 3 4 5   2 1 00 9 8

Printed in E.E.C.

Vorwort

Wir laden Sie recht herzlich ein, sich mit etwas zu beschäftigen, das Ihnen und den Kindern sehr viel Freude bereiten wird. Basteln mit den kleinen Künstlern bzw. für die Kinder macht unglaublich viel Spaß – und zwar mit jedem Mal mehr! Bieten sich doch eine nahezu unerschöpfliche Vielfalt an gestalterischen Möglichkeiten sowie eine Fülle von „Techniken" an. Wer einmal erlebt hat, mit welchem Feuereifer die Kinder bei der Sache sind, bei Malen, Werken und Basteln, weiß längst, dass Kinder die beste Motivation für den Umgang mit Pinsel, Farbe, Schere und Kleber für uns Erwachsenen sind. Dabei spielt es keine Rolle, ob Sie gewissermaßen als Beobachter, der nur ganz behutsam eingreift, tätig werden oder ganz alleine für die Kinder etwas basteln. Einige der schönsten Bastel-Ideen für Kinder haben wir herausgesucht und stellen sie Ihnen in jeweils abgeschlossenen Themen ganz genau – Schritt für Schritt – vor. Sie lernen auf diese Weise damit umzugehen und können dann die Kinder, falls das nötig ist, anleiten. Damit alles gelingt, haben wir jeweils eine Einkaufsliste des Materials, das wir verwendet haben, hinzugefügt. Im ersten Teil des Werkes sprechen wir Themen an, bei denen die spontane Kreativität der Kinder im Vordergrund steht. Typische Mutter + Kind-Themen, bei denen Sie den kleinen Künstlern etwas zur Seite stehen sollten, folgen. Hier zeigen wir Ihnen, wie Sie gemeinsam mit den Kindern so herrliche Dinge wie etwa Briefbeschwerer, bunt bemalte Dosen und Schachteln, die Platz für allerlei Krimskrams bieten, oder Schneekugeln, die zum Träumen verleiten, anfertigen können. Geschenk-Ideen bzw. Vorschläge, wie Sie entzückende Teddybären oder fröhlich bemalte Lampen für das Kinderzimmer gestalten können, runden das Angebot an Bastelmöglichkeiten ab. Und was macht uns Erwachsenen mehr Freude, als einen langgehegten Kinderwunsch zu erfüllen: Der Lohn dafür sind die Gefühle echter Zuneigung – schließlich ist der schönste Teddybär der selbstgemachte.

Ihre Redaktion

Inhalt

Mit Paint'n Peel-Fenstermalgel gelingen schon Kindern ab 3 Jahren die tollsten Fensterbilder.

Fröhliche Bilder am Fenster

Mit Fenstermalgel kann man ganz einfach bunte Bilder auf glatte Flächen und Fenster malen. Weil das Gel nicht läuft und tropft, gelingen die tollsten Bilder. Die Kinder können damit direkt am Fenster malen, ohne dass alles ineinander läuft. Wenn die kleinen Künstler das wollen, können sie aber auch alles zunächst am Tisch vormalen und die Bilder nach dem Trocknen an ein Fenster „kleben", wo das Licht dann wunderschön durchscheint.

Unser kleiner bunter Schmetterling

Mit so einem bunten Hahn am Fenster gibt es keine tristen Tage mehr.

Material:

Paint'n Peel-Fenstermalgel Materialpackung Art.Nr. 833001 mit vier Farben (gelb, rot, blau, grün), ein Rindshaar- oder Borstenpinsel und eventuell ein Schwammpinsel; alles von EBERHARD FABER, D-92302 Neumarkt – überall im gut sortierten Hobby-Fachhandel zu erhalten. Eine Folie oder eine klare Plastikhülle macht die Ausrüstung komplett.

Und so wird's gemacht:

Selbstverständlich kann man die Blümchen und all die anderen Motive, die den Kindern einfallen, direkt mit dem Gel auf die Fensterscheibe malen – das macht richtig Spaß!

Durch Mischen der Farben erhalten die kleinen Künstler weitere Farbtöne, so gibt zum Beispiel:

❶ Ganz toll klappt das mit dem Malen aber auch, wenn zunächst alles am Tisch auf einer Folie einfach mit dem Finger gemalt wird, so wie wir das hier mit dem Schmetterling gemacht haben.

❷ Die größeren Kinder können auch schon etwas schwierigere Vorlagen nachmalen. Dazu wird die Folie bzw. die klare Plastikhülle einfach über die Vorlage gelegt ...

❸ ... und dann mit dem Finger oder Pinsel das Gel aufgetragen. Achten Sie darauf, dass die Kinder hierbei in dickeren Schichten und in zusammenhängenden Flächen malen.

❹ Die ganz Mutigen können sogar größere Flächen mit dem Fenstermalgel ausmalen. Wir haben hier z. B. mit dem Schwammpinsel noch eine große, blaue Fläche um den lustigen Hahn gemalt. Jetzt muss mindestens zwei Stunden gewartet werden, bis das Bild bzw. das Gel vollständig trocken ist.

❺ Nach dem Trocknen das Gel mit dem Fingernagel vorsichtig an einer Ecke anheben und das Bild abziehen. Das trockene Fenstermalgel ist nun wie eine Folie.

❻ Die Folie kann jetzt kinderleicht auf einen anderen Untergrund oder auf das Fenster übertragen werden. Wenn dann noch weitere „frei" gemalte Motive dazukommen, sieht das super aus!
Wenn den Kindern das Fenstermalgel Freude bereitet, es gibt noch zwei tolle Sets: Ein Set mit Gel, einer Malvorlage mit Anleitung, Folie und einem Schwammpinsel sowie ein Set mit drei Schablonen, Gebrauchshinweisen und einem Schwammpinsel.

Die Vorlage für den bunten Hahn. Mit einem Fotokopiergerät lässt sich der Hahn auf die gewünschte Größe bringen.

Lustige Kartoffeldruckerei:

Stempeln mit der tollen Knolle

„..., fielen auf einmal die Sterne vom Himmel ..."

Ein ungetrübtes Vergnügen ist für Kinder und Erwachsene angesagt, wenn Kartoffeln zum Druckstock werden. Das Schöne daran ist, es macht weder den großen noch kleinen Künstlern viel Mühe, aus der tollen Knolle einen Stempel zu fertigen. Mit diesen Stempeln lassen sich dann hübsche individuelle Muster beispielsweise auf Papier, Karton und Holz oder, was besonders viel Spaß bereitet, auf Textilien wie Sets und Tischdecken, Vorhänge für das Kinderzimmer und auf Bekleidung drucken. Man braucht dazu, außer ein paar Kartoffeln, nur ein Messer, ein bisschen Geschick beim Ausschneiden, Stoffmalfarben und etwas Zeit, um die Kinder beim lustigen Kartoffeldrucken zu betreuen. An einem T-Shirt, dessen peppig buntes Muster wir frei nach dem Märchen die „Sterntaler" gestaltet haben, zeigen wir Ihnen wie einfach das Kartoffeldrucken ist.

Material:

JAVANA TEX-Stoffmalfarben in der Ausführung und den Farbtönen Ihrer Wahl, JAVANA TEX-Glitter, JAVANA TEX-Liner, JAVANA TEX-Blow up; alles von C. KREUL, D-91352 Hallerndorf – überall im gut sortierten Hobby-Fachhandel zu erhalten. Einige Pinsel, ein Messer, ein Schwamm, Stoffreste und natürlich eine große Kartoffel machen das Material komplett.

Und so wird's gemacht:

❶ Ein Stempelkissen erleichtert das Arbeiten und färbt den Kartoffelstempel noch besser ein. Aus einem Haushaltsschwamm lassen sich ideale Stempelkissen fertigen. Dazu den Schwamm in etwa 1–2 cm starke Scheiben schneiden und dann jeweils eine Scheibe in ein Stück nicht fusselnden Stoff einschlagen.

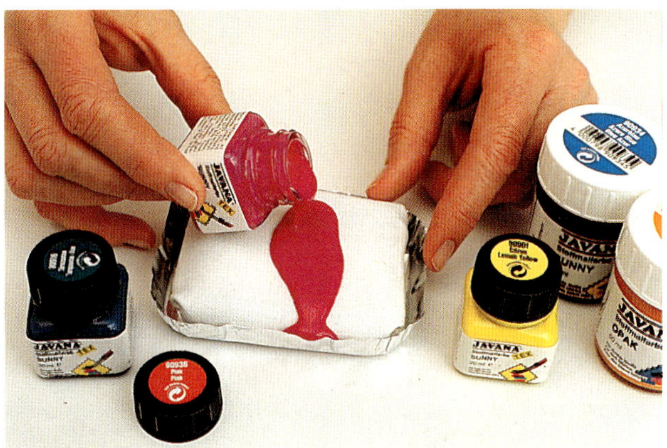

❷ Wenn Sie nun etwas Stoffmalfarbe in das Stempelkissen geben, kann diese einziehen, bis der Kartoffelstempel fertig ist.

Tipp: Am besten fertigt man für jeden Farbton ein eigenes Stempelkissen an. So bleiben die Farben rein. Wenn Sie das Kissen in einen kleinen Behälter aus Alufolie geben, kann die Stoffmalfarbe nicht auf den Arbeitsplatz durchschlagen.

Tipp: Der Charme des Kartoffeldrucks rührt nicht zuletzt von den kleinen Unregelmäßigkeiten der Druckform her. Deshalb sollte das Motiv möglichst frei herausgearbeitet bzw. geschnitten werden. Wenn das nicht so recht gelingen will, können Sie eine kleine Papierschablone auf den „Spiegel" legen und dann danach schneiden.

Tipp: Denken Sie bei der Gestaltung eigener Muster daran, dass aus den Kartoffeln ein so genannter „Hochdruck-Stempel" geschnitten wird, dessen Druck immer spiegelverkehrt erscheint. Bei vielen Mustern, wie z. B. Buchstaben, muss dies berücksichtigt werden. Den Stempel also immer spiegelverkehrt schneiden, damit der Druck korrekt ausfällt.

❸ Das Anfertigen des Kartoffelstempels geht ganz einfach: Man teilt dazu eine möglichst große Kartoffel und schneidet dann das Motiv mit einem Messer aus. Achten Sie darauf, dass das Motiv möglichst deutlich (mindestens 1–2 cm) aus der Fläche heraussteht. Am besten lassen sich Motive herausarbeiten, die wie unsere Sterne auf einfache Grundformen zurückgehen. Wenn die Kinder etwas mehr Übung haben, können sie sich auch an kleinere Einkerbungen und Verzierungen an den Rändern der Motive wagen. Wichtig! Sehr feine, freie Linien sollten dabei vermieden werden, denn diese brechen schnell aus bzw. ab.

❹ Nachdem der Stempel einige Minuten auf Haushaltskrepp gelegt wurde, um die überschüssige Feuchtigkeit der Kartoffel zu entfernen, kann es losgehen. Den Kartoffelstempel beherzt, aber nicht zu fest in das Stempelkissen drücken, um so genügend Farbe aufzunehmen.

❺ Am besten macht man den ersten Druck-Versuch auf einem Stoffrest. Sie werden sehen, schon nach kurzer Zeit haben Sie und die Kinder den Bogen raus, ...

❻ ... wieviel Druck aufgewendet werden muss, um einwandfreie Abdrucke zu erhalten. Wir haben bei unserem „Sterntaler T-Shirt" mit dem Sunny-Farbton „Pink" begonnen und damit die ersten Sterne locker über den Stoff verteilt, ...

Tipp: Sie erhalten die brillanten, wasserverdünnbaren JAVANA TEX-Stoffmalfarben in mehreren Ausführungen und in vielen verschiedenen Farbtönen, die alle untereinander mischbar sind. Sunny hat einen leichten, fließenden Charakter, der besonders lebendig auf hellen Stoffen wirkt.

Tipp: Opak besitzt einen pastosen, hochdeckenden Charakter, der auch besonders gut und sehr elegant auf dunklen Textilien wirkt.

❼ ... bevor wir dann, jeweils nach dem Trocknen des vorangehenden Farbtons weitere Sterne in den Farbtönen Sunny „Azurblau", „Lemon-Yellow", „Türkisblau" und Opak „Orange" aufgedruckt bzw. übereinandergedruckt haben.

❽ Wenn man jeweils nach dem Aufdrucken der einzelnen Farbtöne eine dünne Scheibe von dem Kartoffelstempel abschneidet, wird keiner der nachfolgenden Farbtöne verschmutzt.

Tipp: Wenn ein Druck einmal nicht so hundertprozentig gelungen ist, macht das nichts weiter aus – im Gegenteil, der Charme der Arbeit entsteht gerade durch solche Zufälligkeiten.

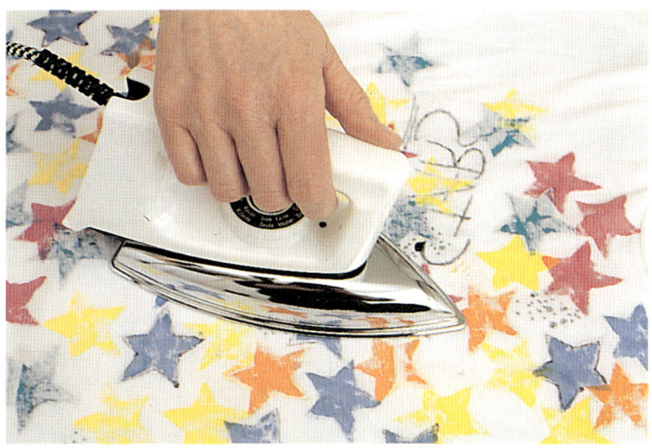

❾ Wenn Sie einige der Sterne nach dem Trocknen der Farbe noch zusätzlich mit Glitter umranden, sodass diese richtig schön glitzern, die Konturen einiger Sterne mit „Blow up" – einer Plusterfarbe, die einen dreidimensionalen Effekt erzeugt – hervorheben und darüber hinaus noch einen beziehungsreichen Schriftzug mit Liner auftragen, schlägt das Kinderherz noch höher.

❿ Jetzt muss die Stoffmalfarbe nur noch durch Trocknen an der Luft oder besser noch durch Bügeln von der linken Seite fixiert werden, um farbkräftig, lichtecht und waschbeständig zu werden.

Tipp: Sunny ist waschbeständig bis 60 °C, Opak bis 40 °C und die Plusterfarbe „Blow up" bei Handwäsche bis 40 °C.

Unterhaltung: Stück für Stück zum Puzzle-Glück

Unser buntes Puzzle ...

Das Wort Puzzle kommt aus dem Englischen und bedeutet Geduldsspiel oder Zusammensetzspiel. Kinder bringen bei dem Zusammensetzen der vielen kleinen Teilchen überraschend viel Geduld auf. Schließlich macht das riesig Spaß und vertreibt die Langeweile, wenn die Sonne sich wieder einmal hinter dicken Wolken versteckt. Echt „cool" ist es aber für die Kinder, so ein lustiges Puzzle selbst mit ihren Lieblingsmotiven zu gestalten und bunt zu bemalen, ganz nach dem Motto – kluge Puzzler basteln ihr Puzzle selbst!

Ob dieses Teil wohl passt?

Material:

Puzzle zum Bemalen – aus Sperrholz gestanzt mit Einlegerahmen, von der Holzwarenfabrik MAX LIEBICH, D-94209 Regen; Hobby Line-Acryl-Glanzlack in verschiedenen Farbtönen, Hobby Line-Rindshaarpinsel, spitz, in den Größen 4 bis 8, eventuell Graphit-Kopier-Papier und ein weicher Zeichen- oder Buntstift, von C. KREUL, D-91352 Hallerndorf – alles im gut sortierten Hobby-Fachhandel zu erhalten.

Und so wird's gemacht:

Tipp: **Das richtige Zusammenfügen der Teilchen fällt noch leichter, wenn man sie dazu auf die Papierschablone legt.**

❶ Das Puzzle besteht aus vielen kleinen Teilchen aus Sperrholz sowie einem Einlegerahmen. Damit das Puzzle bemalt werden kann, müssen als erstes all die kleinen Sperrholz-Teilchen im Einlegerahmen zusammengesetzt werden.

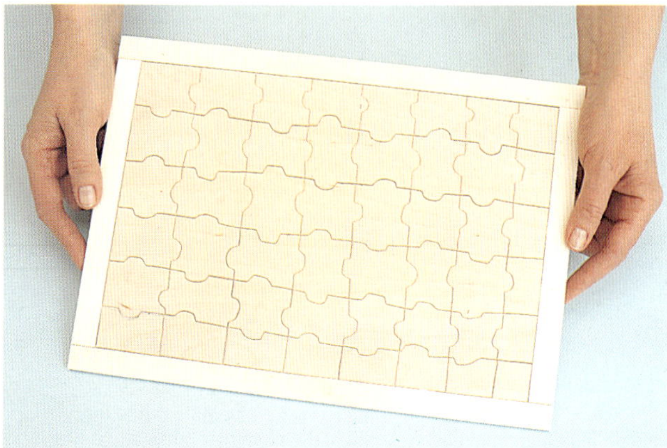

❷ Und so sieht das dann aus!

Tipp: **Dazu das Graphit-Kopier-Papier mit der dunklen Seite nach unten auflegen und darüber die Vorlage geben. Wenn die Kinder die schwarzen Konturen der Vorlage mit einem Farbstift nachziehen, können sie ganz leicht feststellen, ob sie eine Linie übersehen haben.**

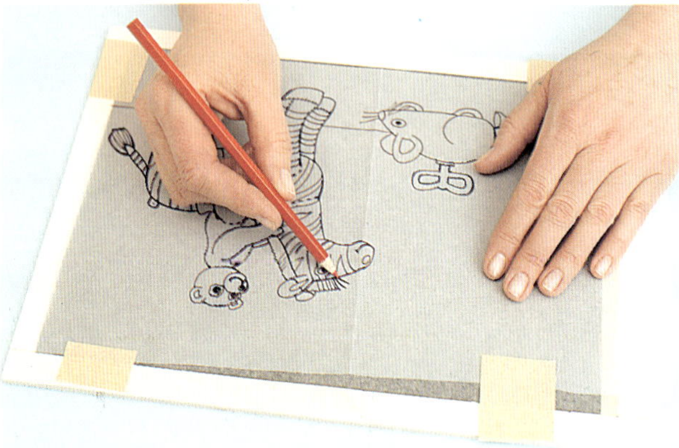

❸ Jetzt wird das ausgewählte Motiv, wie hier das lustige Bären-Motiv, mit Hilfe des Kopier-Papiers auf das Puzzle übertragen.

❹ Den Kindern macht es noch mehr Spaß, wenn sie das Motiv auch noch selbst ergänzen dürfen oder ganz eigene Entwürfe verwenden. Wir haben hier zu unserem Bären auf dem Zebra und der kleinen Maus noch eine lustige Giraffe und zwei Häuser mit dem Bleistift dazugemalt.

❺ Alles, was jetzt noch zu tun bleibt, ist das Ausmalen des Bildes auf dem Puzzle. Mit dem Glanzlack klappt das ganz prima. Wir haben zunächst mit dem schwarz-weißen Zebra begonnen, ...

Mal probieren!

Tipp: Die Pinsel lassen sich ganz einfach mit Wasser wieder reinigen.

❻ ... dann alle Figuren, Häuser und den Hintergrund ausgemalt, bevor wir dann die Konturen aller Figuren und der Häuser noch mit einer dünnen, schwarzen Linie umrandet haben. Das sieht ganz toll aus und später, beim Zusammensetzen, helfen diese schwarzen Linien auch noch. Ganz zum Schluss haben wir mit hellgelbem Glanzlack noch hübsche Punkte auf den lachsfarbenen Hintergrund gesetzt.

❼ Jetzt ist noch ein klein wenig Geduld gefordert, denn nun müssen die Kinder warten, bis der Glanzlack gut getrocknet ist, um dann ihr selbst bemaltes Puzzle in viele bunte Teilchen zu zerlegen und um diese dann wieder zusammenzusetzen.

Die Vorlage für unser lustiges Puzzle zum Nachmalen oder Kopieren.

Wachsmalen:

Bunte Frühlingsbilder

In der Vorschule oder zusammen mit Mami macht das „Bügeln“ von Frühlingsbildern jede Menge Freude.

Ein lustiges Häschen!

Wachsmalkreiden mit echtem Bienenwachs sind bei Kindern im Kindergarten und in der Vorschule ausgesprochen beliebt, denn der weiche „Farbabstrich" kommt der Malweise der Kinder sehr entgegen. Darüber hinaus ermöglichen die Wachsmalkreiden die bei den Kindern so beliebten Techniken wie z. B. Enkaustik, Tropftechnik, Schabtechnik und nicht zuletzt die Bügeltechnik mit ihrem pfiffigen Überraschungseffekt. Wie Sie mit den Kindern leuchtend bunte Blumen und Schmetterlinge oder niedliche Häschen, die das Kinderzimmer schmücken und die Langeweile vertreiben, in der Bügeltechnik malen können, zeigen wir Ihnen hier. Übrigens, diese von Kindern gestalteten kleinen Kunstwerke eignen sich auch hervorragend als Grußkarten und als ganz persönliche und individuelle Aufmerksamkeiten. Wer freut sich nicht über diese bunten und ausdrucksstarken Frühlingsbilder, die von kleinen Händen mit dicken Wachsmalkreiden, dem Bügeleisen und mit viel Hingabe geschaffen wurden.

Material:

Sie brauchen zu dieser wunderschönen Wachsmaltechnik DICKI Wachsmalkreiden von EBERHARD FABER, D-92302 Neumarkt – überall im gut sortierten Hobby-Fachhandel zu erhalten. Etwas Pergamentpapier und ein Bügeleisen ergänzen die kurze Materialliste.

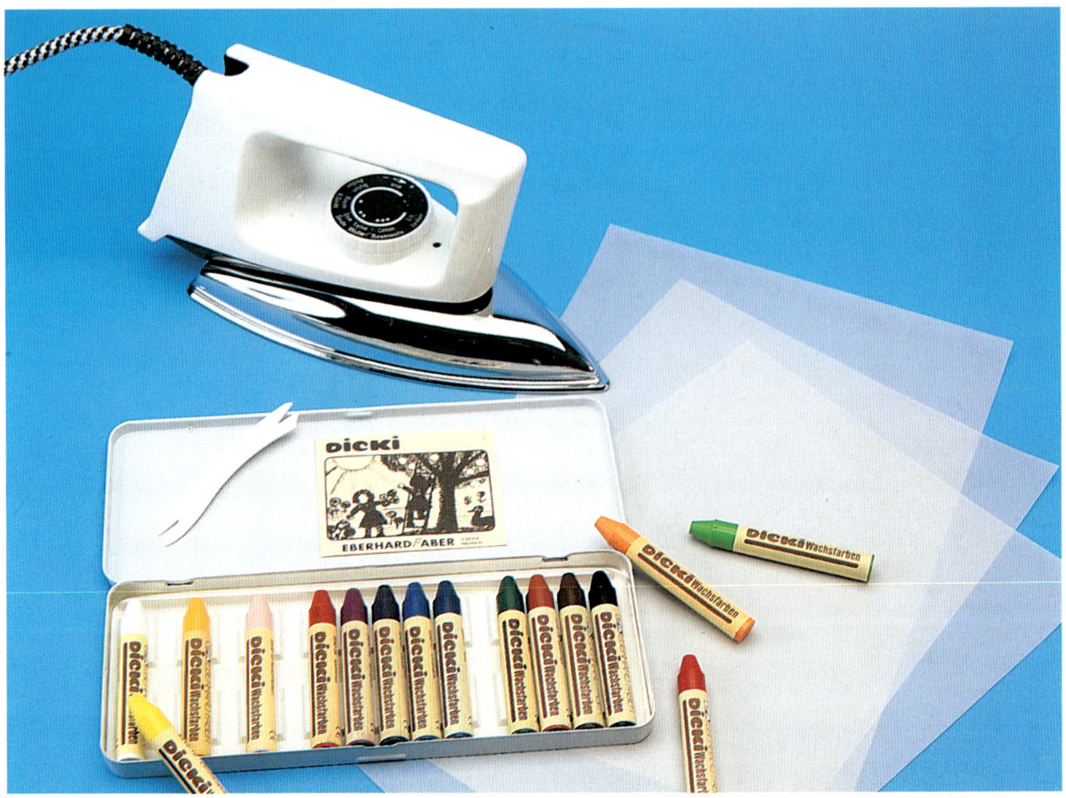

Und so wird's gemacht:

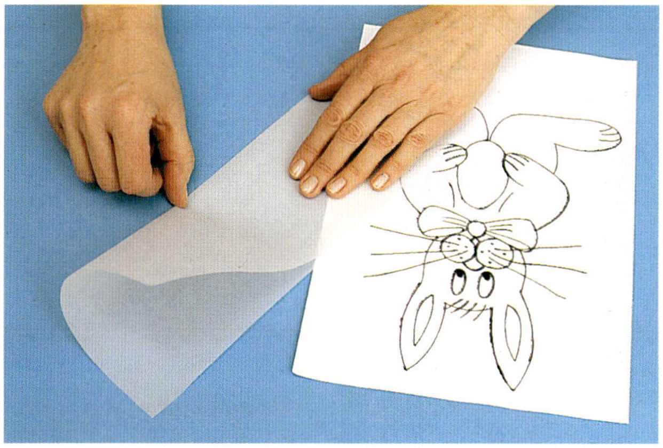

❶ Bei der Bügeltechnik wird zunächst ein Blatt Pergamentpapier in der Mitte gefaltet, ...

❷ ... wieder auseinander geklappt und über eine Strichvorlage gelegt, sodass der Falz genau entlang der Vorlagenmitte läuft. Jetzt brauchen die kleinen Künstler nur eine Bildhälfte mit den DICKI Wachsmalkreiden auf dem Pergamentpapier bis zum Falz hin auszumalen, ...

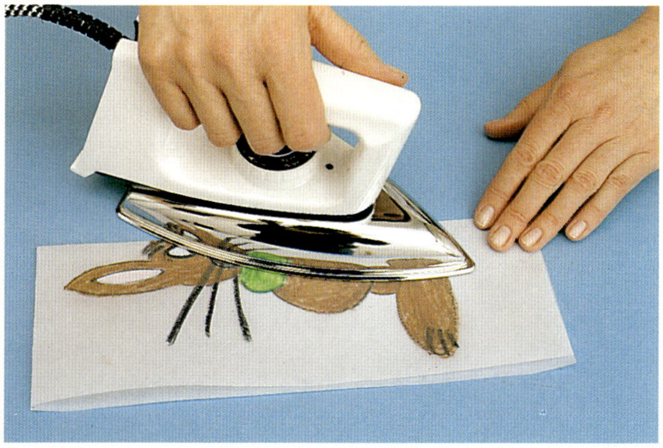

❸ ... danach das Pergamentpapier wieder zusammenzuklappen, sodass die bemalte Fläche innen liegt, um dann mit dem nicht zu heißen Bügeleisen (Stufe 1, Kunstfaser/Seide) das Ganze zu bügeln. So werden die Farben flüssig und auch auf die noch nicht bemalte Papierhälfte übertragen.

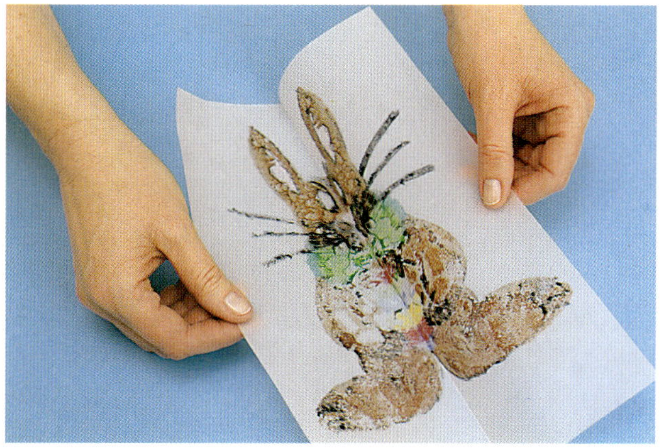

❹ Jetzt heißt es, schnell – solange die Farben noch warm sind – das Pergamentpapier wieder auseinander falten. Beinahe wie von Zauberhand zeigt sich nun den erstaunten Kinderaugen ein ganzes Motiv – wie hier unser Häschen.

Frühlingsbunte Blumen ...

... und ein Schmetterling, gestaltet in der Wachsbügeltechnik.

Fensterbilder:

Frühlingsboten auf

So ein Fensterbild mit Häschen erfreut auch so manchen Passanten.

zarter Seide

Wenn die Sonne ihren Winterschlaf hält, wenn alles trist und grau in grau wirkt, und deshalb bei Ihnen und den Kindern keine rechte Stimmung aufkommen will, schaffen farbenfrohe Fensterbilder auf zarter Seide Abhilfe, denn sie sind mit ihren leuchtenden Farben echte Frühjahrsboten. Dass damit auch jede Menge Bastelspaß und Freude an einer kreativen Beschäftigung verbunden ist, weiß jeder, der sich schon mit Seidenmalen beschäftigt hat. Dass auch die Kleinen mit ein wenig Hilfe der Erwachsenen Erfolg haben, macht das Vorhaben noch schöner. Die Materialien – zarte Seide und die kinderleicht zu handhabenden Seidenmalstifte – sorgen fast von alleine für ein ansprechendes Ergebnis. Bei Ihrem Hobby-Fachhändler erhalten Sie auch Vorlagenmappen mit einer Fülle von hübschen Motiven. Ganz bestimmt ist auch eines für Sie mit dabei!

Ein bunter Frühlingsbote in leuchtenden Farben auf zarter Seide.

Material:

Um zusammen mit Kindern zauberhafte Fensterbilder anfertigen zu können, brauchen Sie lediglich JAVANA-Konturenfarben, die praktischen, nachfüllbaren JAVANA-Seidenmalstifte und JAVANA-Fensterbilder; alles von C. KREUL, D-91352 Hallerndorf – überall im gut sortierten Hobby-Fachhandel zu erhalten. Ein weicher Bleistift oder ein Sublimatstift sowie ein Bügeleisen oder Föhn machen Ihre Ausstattung komplett.

Und so wird's gemacht:

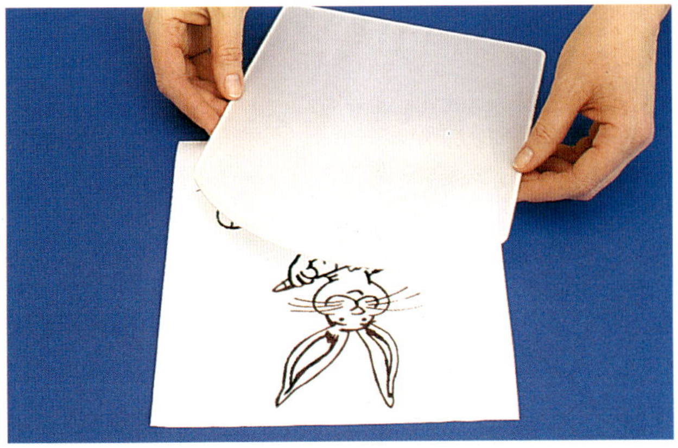

❶ Ihr Hobby-Fachhändler hält für Sie Fensterbilder in vielen verschiedenen Formen und Größen bereit. Wenn Sie wollen, können Sie auch Fensterbilder verwenden, auf denen Seidenmotive mit schwarzer Konturenfarbe bereits vorgezeichnet sind.

❷ Noch mehr Spaß macht es aber, wenn Sie gemeinsam mit den Kindern die Motive selbst entwerfen, dann das Fensterbild auf die so entstandene Vorlage legen, mit ein wenig Klebeband fixieren ...

Tipp: Noch besser klappt das Vorzeichnen auf Seide mit dem selbstlöschenden Sublimatstift.

Tipp: Größere Kinder schaffen das durchaus auch alleine. Durch vorsichtiges Föhnen kann man das Trocknen etwas beschleunigen. Sie erhalten Konturenfarben z. B. in Schwarz, Blau und Rot bis hin zu Pink und sogar mit Perlglanz- und Glitzereffekt. Recht hübsch sieht es auch aus, wenn einzelne Konturen in der jeweiligen Eigenfarbe der Motive aufgetragen oder ganz bewusst bunte Akzente mit der Gegenfarbe gesetzt werden.

❸ ... und dann die Umrisse des Motivs mit einem weichen Bleistift auf die Seide des Fensterbildes kopieren bzw. übertragen.

❹ Ziehen Sie dann diese Umrisse bzw. Linien mit der Konturenfarbe direkt aus der Tube nach. Wichtig! Die Konturen dürfen auf keinen Fall unterbrochen werden, um ein späteres Auslaufen der Farbe zu vermeiden. Die Konturenfarbe muss mindestens 20 Minuten trocknen, ...

Tipp: Wenn Sie die Seide vor dem Ausmalen partienweise mit Wasser befeuchten, können Sie wie beim Aquarellieren auch nass in nass malen. Das ergibt wunderschön weiche Farbverläufe.

❺ ... bevor mit dem Ausmalen der Farbfelder begonnen wird. Mit den praktischen Seidenmalstiften fällt das den Kindern besonders leicht.

❻ Sobald die Farben vollständig getrocknet sind, können Sie diese bei größeren Fensterbildern durch Bügeln von der Rückseite problemlos fixieren. Die Farben von kleineren Fensterbildern sollten Sie zumindest möglichst heiß föhnen, denn die JAVANA-Seidenmalfarben werden dadurch dauerhaft fixiert und sind dann von hoher Lichtechtheit, sodass Sie und die kleinen Künstler lange Freude an den Fensterbildern haben.

Solch lustige Fensterbilder haben mit ihren bunten Motiven das ganze Jahr über Saison.

Wenn Sie unsere Beispiele nacharbeiten wollen, brauchen Sie die Strichvorlagen nur mittels eines Kopiergeräts auf die von Ihnen gewünschte Größe zu bringen.

Bunt bemalte Steine

Mit diesem niedlichen Briefbeschwerer machen
die Hausaufgaben viel mehr Spaß!

Die Kinder suchen nach einer Geschenkidee – wie wäre es mit einem Briefbeschwerer? Einem nützlichen kleinen Gegenstand, der verhindern soll, dass ein Windstoß durch eine Tür oder ein offenes Fenster im Bruchteil einer Sekunde die oft mühevoll zustande gebrachte Ordnung von Briefen, Rechnungen usw. durcheinander bringt. Auch auf dem Schreibtisch von Kindern macht sich ein Briefbeschwerer gut, wenn mit seiner Hilfe aus einer losen Blattsammlung ein „wohl geordneter" kleiner Stapel wird. Wenn der kleine Helfer dann auch noch fröhlich bunt ist, machen die Hausaufgaben wieder viel mehr Spaß.

Flächen und ein Kringel, beides in leuchtenden Farben frech nebeneinander gesetzt.

Material:

Hobby Line-Acrylfarben auf Wasserbasis, Acryl-Glanzlack und Acryl-Metallic-Farben, Klarlack matt oder glänzend, 2 bis 3 Toray-Pinsel in den Größen 2 bis 7 und 1 flacher Abdeckpinsel zum Grundieren, eventuell Vorlagenmappen; alles von C. KREUL, D-91352 Hallerndorf – überall im gut sortierten Hobby-Fachhandel zu erhalten. Das Wichtigste sind natürlich selbst gesammelte und gereinigte Steine in allen erdenklichen Formen.

Und so wird's gemacht:

❶ Bunte Briefbeschwerer aus Stein wirken immer. Ganz egal, ob man einen hübsch geformten Stein in einem Farbton mit Mattfarbe grundiert und anschließend lediglich mit Glanzlack oder Metallic-Farbe in kräftigen, komplementären Farbtönen Tupfen darauf setzt ...

❷ ... oder den Stein wie hier mit leuchtend bunten Farbfeldern und „Kringeln" versieht, die noch zusätzlich von einer Kontur umrandet werden.

❸ Wenn Sie einen ganz bestimmten Farbton nicht zu Hause haben, kein Problem! Die mit Wasser verdünnbaren Hobby Line-Acrylfarben lassen sich prima untereinander mischen.

❹ Besonders reizvoll wirken die Briefbeschwerer mit einem kleinen Motiv. Die Kinder können die Motive auf den Stein skizzieren oder zunächst auf Papier bzw. Transparentpapier entwerfen, wie wir es hier mit dem kleinen Bärenmotiv getan haben, oder Motive aus Vorlagenmappen verwenden, ...

❺ ... die dann nur noch auf den Stein übertragen werden müssen. Mit Kohlepapier klappt das ausgezeichnet.

Tipp: Die Konturen lassen sich auch mit einem Lackmalstift oder einem geeigneten Permanentschreiber nachziehen bzw. auftragen, wenn der Umgang mit dem Pinsel nicht ganz so leicht fällt.

❻ Das Ausmalen mit den schnell trocknenden Acrylfarben geht auch Kindern gut von der Hand. Bei Motiven wie unserem Bärchen malt man am besten zuerst die einzelnen Farbflächen mit dem Pinsel (Größe 4–7) aus, bevor dann die dunklen Konturen mit einem Pinsel der Größe 2–3 nachgezogen werden. Das ist allerdings etwas schwieriger – kleineren Kindern sollten Sie dabei helfen.

❼ Alles, was Sie nach dem Trocknen der Farben noch tun sollten, ist das Besprühen der Werke mit Klarlack matt oder glänzend, um so die Oberfläche gewissermaßen zu versiegeln. Die Kinder haben dann noch länger Freude an ihrem bunten Briefbeschwerer aus Stein.

Tipp: Briefbeschwerer sind auch heiß begehrt als individuelles Geschenk, das sich z. B. auf das Sternzeichen oder das Hobby der oder des Beschenkten bezieht. Ganz bestimmt fällt Ihnen und den Kindern dazu einiges ein.

Mein kleiner grüner Kaktus ...

Dekoration mit Sti(e)l

Dekoration mit Sti(e)l in einem Blumengesteck.

Ganz schön bunt wird dieses Blumengesteck aus Weidenzweigen, Haselnuss, weißen Tulpen, Freesien, gelben Narzissen, Ginster und Ranunkeln durch die bemalten Blumenstäbe aus Holz. Und so soll es auch sein. Über die niedlichen Entchen, farbenfrohen Hähne und fröhlich bunten Eier freuen sich Erwachsene ebenso wie die Kinder. Schließlich machen sich diese Holzteile nicht nur gut als Dekoration im Blumengesteck – die Bemalung mit Glanzlack vertreibt auch die Langeweile.

Ganz gleich, ob farbenfrohe Eier mit und ohne Schleife ...

... oder niedliche Entchen und Hähne mit Glanzlack bemalt werden. Die Technik ist einfach und der Spaß daran groß!

Material:

Blumenstäbe mit diversen Motiven in einer Stablänge von 30–50 cm, von der Holzwarenfabrik MAX LIEBICH, D-94209 Regen; Hobby Line-Acryl-Glanzlack auf Wasserbasis in den Farbtönen Ihrer Wahl, von C. KREUL, D-91352 Hallerndorf – alles ist im gut sortierten Hobby-Fachhandel zu erhalten. Schleifpapier mittlerer und feiner Körnung, je ein Pinsel flach und spitz (etwa Größe 6–8) und ein Bleistift machen Ihre Ausrüstung komplett.

Und so wird's gemacht:

❶ Sie erhalten im Hobby-Fachhandel die Blumenstäbe mit den unterschiedlichsten Motiven. Die Skala reicht von entzückenden Bärchen, über Papageien und Kugeln bis hin zu kleinen Vogelhäuschen. Damit lassen sich die verschiedensten Sträuße und Gestecke für beinahe jeden Anlass garnieren. Wir haben für unser Blumengesteck österliche Motive ausgewählt. Nachdem eventuell vorhandene kleine Grate und Unebenheiten mit Schleifpapier gebrochen und verschliffen wurden, ...

❷ ... kann sofort mit der Bemalung begonnen werden. Ganz egal, ob man nun ein niedliches Entchen, Häschen usw. oder ein Ei dekorativ bemalt – man kann unschöne „Blitzkanten" vermeiden, wenn die Teile zunächst mit einem Farbton grundiert werden.

Tipp: Der Hobby Line-Glanzlack deckt sehr gut, sodass in der Regel ein „Grundanstrich" ausreicht. Falls nötig, können Sie, sobald der Glanzlack getrocknet ist, einen zweiten Anstrich vornehmen.

❸ Nach dem Trocknen des Grundanstriches (der Glanzlack trocknet in wenigen Minuten) geht es an das Aufmalen des Dekors bzw. Musters.

❹ So beispielsweise sieht unser Ei nach dem Aufmalen des Musters aus! Was jetzt noch fehlt, ...

Tipp: Die Blumenstäbe sehen noch besser aus, wenn Vorder- und Rückseite der Motive bemalt werden.

Tipp: Acryl-Glanzlack auf Wasserbasis ist mit Wasser verdünnbar. Die einzelnen Farbtöne sind untereinander mischbar, sodass Ihnen eine uneingeschränkte Farbpalette zur Verfügung steht.

❺ ... sind die „Konturenlinien", die der Bemalung eine gewisse Tiefe und Struktur verleihen sollen. Diese werden ganz zum Schluss mit schwarzem Glanzlack mit einem nicht zu dicken Pinsel, etwa in der Größe 3–4, gezogen.

Die Verpackungs-Idee:

Farbenfrohe Dosen und Schachteln

Mit einer weihnachtlichen Bemalung werden aus Kartonschachteln attraktive Geschenkdosen, die auch ohne Schleife kleine Aufmerksamkeiten zum Präsent werden lassen.

Liebevoll bemalt, mit bunten Motiven geschmückt und von den Kindern mit großem Eifer gestaltet: So eine individuelle Verpackung ist nicht selten das eigentliche Geschenk, ganz gleich, was sich darin verbirgt. Zu Recht sind die kleinen Verpackungskünstler stolz auf ihr Werk, von dem man sich manchmal nur ungern trennt, denn auch im Kinderzimmer ist es gut zu gebrauchen. Die farbenfrohen Dosen und Schachteln bieten sich für viele Gelegenheiten an – nicht nur für Weihnachten. Noch lange freut sich jeder über die hübsche Verpackung. Denn nun finden allerlei Krimskrams und nützliche Dinge, die leicht verloren gehen, darin ihren Platz.

Über diese hübsche Verpackung freut sich vielleicht mancher mehr als über das Geschenk.

Material:

Kartonschachteln 6-eckig und Spanschachteln von marianne hobby, Hobby Line-Mattfarbe und Glanzlack in den Farben Ihrer Wahl, Acryl-Matt- oder Glanzlack, Hobby Line-Lackmalstift, JAVANA-Konturenfarbe, Schablonenfolie für Stencil-Technik, Schablonenmesser, ein Zeichenstift, ein Schablonierpinsel und das Hobby Line-Pinselset „Bauernmalerei"; alles von C. KREUL, D-91352 Hallerndorf – überall im gut sortierten Hobby-Fachhandel zu erhalten.

Und so wird's gemacht:

❶ Die Kartonschachteln lassen sich mit Mattfarbe oder Glanzlack im Nu bunt bemalen. Für den Deckel haben wir ein weihnachtliches Schaukelpferdchen vorgesehen. Der Hintergrund wirkt etwas lebendiger, wenn man zwei bis drei Farbtöne (hier Hellblau und Kobaltblau) nebeneinander auf Alufolie gibt, dann die Farbe mit einem kleinen Schwamm aufnimmt und auf die zu bemalende Fläche tupft.

❷ Nach dem Trocknen der Farbe werden die Konturen des Motivs übertragen bzw. aufgepaust.

Tipp: Wenn Sie einen hellen Hintergrund angelegt haben, verwenden Sie dazu am besten Kohlepapier. Bei relativ dunklem Hintergrund sieht man die Konturen besser, wenn helles Kreidepapier zum Kopieren verwendet wird.

❸ So sieht das dann aus!

❹ Jetzt wird das Motiv mit Mattlack ganz nach den Vorstellungen der Kinder bunt ausgemalt. Wichtig! Die Konturen dürfen dabei aber nicht übermalt werden. Am besten geht man mit der Farbe bzw. mit dem Pinsel nur ganz knapp an die Konturen heran, sodass diese gerade noch sichtbar bleiben. Dadurch kann man nach dem Trocknen des Mattlackes problemlos die Konturen mit dem Lackmalstift nachmalen bzw. hervorheben. Das sieht gut aus und gibt Tiefe.

❺ Die Kinder können auch noch einige Motive frei dazumalen und noch etwas mit dem Lackmalstift durchzeichnen. Gut machen sich kleine Effekthaschereien mit goldfarbener Konturenfarbe, die direkt aus der Tube „aufgetupft" werden. Der abschließende, schützende Acryl-Lackanstrich sollte dagegen immer aufgetragen werden.

Auch die Kleinen freuen sich über niedliche Geschenkdosen.

❻ Die Stencil-Technik bietet sich an, wenn Sie das gleiche Motiv mehrmals wiederholen möchten, so wie wir das bei unserer „Katz + Maus-Geschenkdose" getan haben. Als Erstes wird wieder der Hinter- bzw. Untergrund aufgetragen. Während die Farbe trocknet, können Sie die Schablonen anfertigen. Legen Sie dazu die Schablonenfolie auf die Vorlage und übertragen Sie die Umrisse des Motivs mit dem Lackmalstift.

❼ Schneiden Sie dann auf einer geeigneten glatten Unterlage (z. B. Karton) das Motiv entlang der übertragenen Konturen mit dem Schablonenmesser aus.

Tipp: Das Anfertigen der Schablonen sollte aus Sicherheitsgründen immer von Erwachsenen oder von größeren Kindern unter Aufsicht übernommen werden.

Tipp: Diesmal haben wir eine Spandose verwendet. Die Stencil- bzw. Schablonen-Technik eignet sich für beinahe alle ebenen Oberflächen. Bei gekrümmten Oberflächen, auf die sich die Folie mit dem ausgeschnittenen Motiv nicht fugenlos legen lässt, kann diese wunderschöne Technik leider nicht angewendet werden.

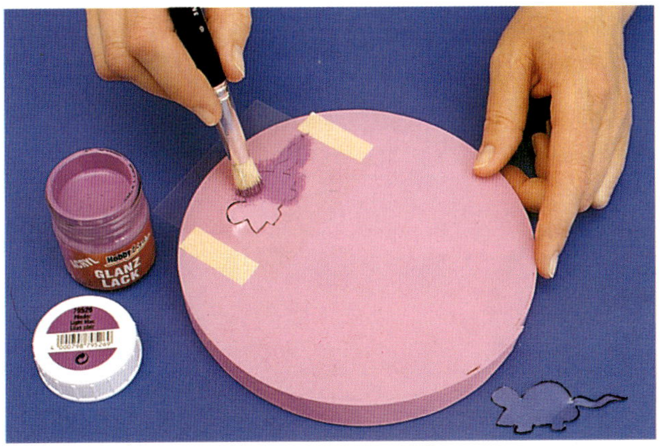

❽ Legen Sie die ausgeschnittene Folie auf den bereits grundierten Deckel der Spandose. Fixieren Sie die Folie mit etwas Klebeband, damit sie nicht verrutschen kann, bevor die Kinder beginnen, den ersten Farbton mit dem „fast trockenen" Schablonierpinsel aufzutragen. Wir haben zunächst mit den lustigen violetten Mäusen begonnen ...

❾ ... und dann das ausgeschnittene Innenteil der „Mäusefolie" verwendet, um damit eine blaue Maus gewissermaßen „negativ" auf den Deckel zu setzen.

10 Die Mattfarbe trocknet sehr schnell. Sie können aber das Trocknen der Farbe zwischen den einzelnen Arbeitsgängen durch Föhnen noch etwas beschleunigen.

11 Hübsch sieht es auch aus, wenn sich die verschiedenen Motive überschneiden bzw. verschiedene Farbtöne übereinander liegen. Mit dem gut deckenden Mattlack geht das ganz einfach: die darunter liegende Farbschicht gut trocknen lassen und dann wie gewohnt die zweite Farbschicht bzw. das zweite Motiv auftragen.

12 Wenn jetzt noch die einzelnen Motive mit Glanzlack farbig oder schwarz umrandet, etwas durchgezeichnet und noch einige kleine Verzierungen (z. B. kleine Herzchen und ein hübscher Rand) angebracht werden, kommt „Leben" in die Bemalung, die man wieder mit dem Acryl-Matt- oder Glanzlack zusätzlich schützen sollte.

Mit dem Kopiergerät können Sie die Motiv-Vorlagen auf die von Ihnen gewünschte Größe bringen!

Kleine Welt der Traumkugeln

Es weihnachtet sehr mit einem niedlichen Engel in der Traumkugel.

Nicht nur der Duft des Plätzchenbackens ruft Kindheitsträume wach. Erinnern Sie sich noch manchmal an die Schneekugeln? Man kam ins Träumen, wenn der „Schnee" in den runden Gefäßen auf die verschiedensten Dekorationen herabrieselte. Nun können Sie so eine kleine Traumwelt gemeinsam mit Kindern, die ebenso große Freude daran haben, verwirklichen. Mit Fimo, der leuchtend bunten Modelliermasse, die einfach im Ofen zu härten ist, und mit eigens dafür geschaffenen Hauben aus Acrylglas ist das kein Problem. Lassen Sie sich also in die bunte Traumwelt Ihrer Kindheit entführen.

Oh Tannenbaum, ... !

Material:

FIMO in den Farbtönen Ihrer Wahl, Traumkugel oval (70 x 52 mm) oder Traumkugel rund in der Größe Ihrer Wahl, UHU-plast Kleber für Traumkugeln, Konservierungsmittel für Traumkugeln, Schnee im Glasfläschchen mit 5 g oder das FIMO Hobby-Set „Traumkugel" komplett mit Gebrauchsanleitung; alles von EBERHARD FABER, D-92302 Neumarkt – überall im gut sortierten Hobby-Fachhandel zu erhalten. Eine Glasplatte, ein Messer, ein glattes Glas zum Auswalzen des FIMO und eventuell ein Ofenthermometer machen die Ausstattung komplett.

Und so wird's gemacht:

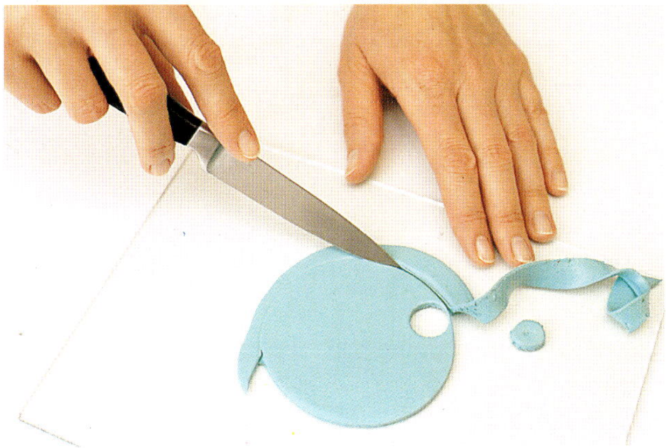

❶ Das Fimo weichkneten bis es gut formbar ist, dann auf der Glasscheibe zur etwa 2–3 mm starken Platte auswalzen und mit dem Messer daraus die Bodenplatte schneiden, ...

❷ .... die möglichst genau in die innere Fläche des Kugelbodens passt.

Tipp: **Auch mit Ausstechformen kann man ganz tolle weihnachtliche Motive zaubern.**

❸ Darauf wird nun das Modell bzw. Motiv aus Fimo aufgebaut. Wir haben uns für einen kleinen Engel entschieden, der aus einfachen Grundelementen wie Kugeln und Rollen modelliert wird.

❹ Denken Sie an die Lupenwirkung, wenn das Modell unter Wasser ist. Deshalb sollte das modellierte Teil mindestens 1–2 cm vom Haubenrand entfernt bleiben.

Wintermärchen mit Krippe

Tipp: Lassen Sie das Stück zum Härten am besten noch auf der Glasplatte.

Tipp: Achten Sie darauf, dass die Öffnung zum Einfüllen der Flüssigkeit nicht verdeckt wird. Den Kleber mindestens 30 Minuten durchtrocknen lassen.

❺ Nun kommt das komplette Stück für 20–30 Minuten bei 130 °C zum Härten in den vorgeheizten Backofen.

❻ Erst wenn das Fimo wieder abgekühlt ist, das Stück vorsichtig von der Glasplatte lösen und mit UHU-plast Kleber in die innere Fläche des Traumkugelbodens kleben.

❼ Wenn kein Schnee sondern Flitterfäden als Dekorations- bzw. Füllmaterial verwendet werden, sollten Sie zu einem halben Teelöffel Füllmaterial etwas destilliertes Wasser und ein wenig Spülmittel geben und das Ganze umrühren, bevor Sie es in die Haube füllen.

❽ Jetzt muss nur noch die Rille am Rand des Schneekugelbodens mit Kleber ausgefüllt ...

Tipp: Stellen Sie die Traumkugel zum Schluss möglichst schräg in eine Tasse, sodass sich die Füllung am obersten Punkt befindet. Jetzt brauchen Sie nur noch etwas Wasser bis zum Rand nachzufüllen, um die restliche Luft aus der Traumkugel zu verdrängen.

❾ ... und die Haube mit einer leichten Drehbewegung in die Rille des Bodens gepresst werden. Auf diese Weise verschweißt der Kleber die beiden Teile regelrecht miteinander. Jetzt den Kleber mindestens fünf Stunden aushärten lassen, ...

❿ ... bevor das destillierte Wasser mit Hilfe eines kleinen Trichters ganz langsam eingefüllt wird, bis das Wasser bereits wieder aus der Füllöffnung quillt. Nicht vergessen, noch das Konservierungsmittel zuzugeben.

⓫ Jetzt noch schnell den Stöpsel eingesetzt und fertig ist die selbstgestaltete Traumkugel! Sobald Sie die Kugel ein wenig schütteln, werden Sie in eine schöne bunte Welt längst vergessener Kinderträume entführt.

Bär im Glas ... ein Motiv, das großen und kleinen Bärenliebhabern das ganze Jahr über Freude bereitet!

Windlicht:

Schön schwarz-weiß gefleckt

Schön gefleckt und hübsch anzusehen – unser Windlicht im Dalmatiner-Look bei Tageslicht, ...

... und stimmungsvolles Licht verbreitend, wenn die Sonne langsam untergeht.

Echt trendy ist dieses Windlicht aus Fimo im Dalmatiner-Look. Ganz gleich, ob es sich um einen Kindergeburtstag handelt oder die Kinder bis in die Dämmerung hinein eine fröhliche Sommerparty feiern, dieses dekorative Windlicht sorgt immer für eine prima Stimmung.

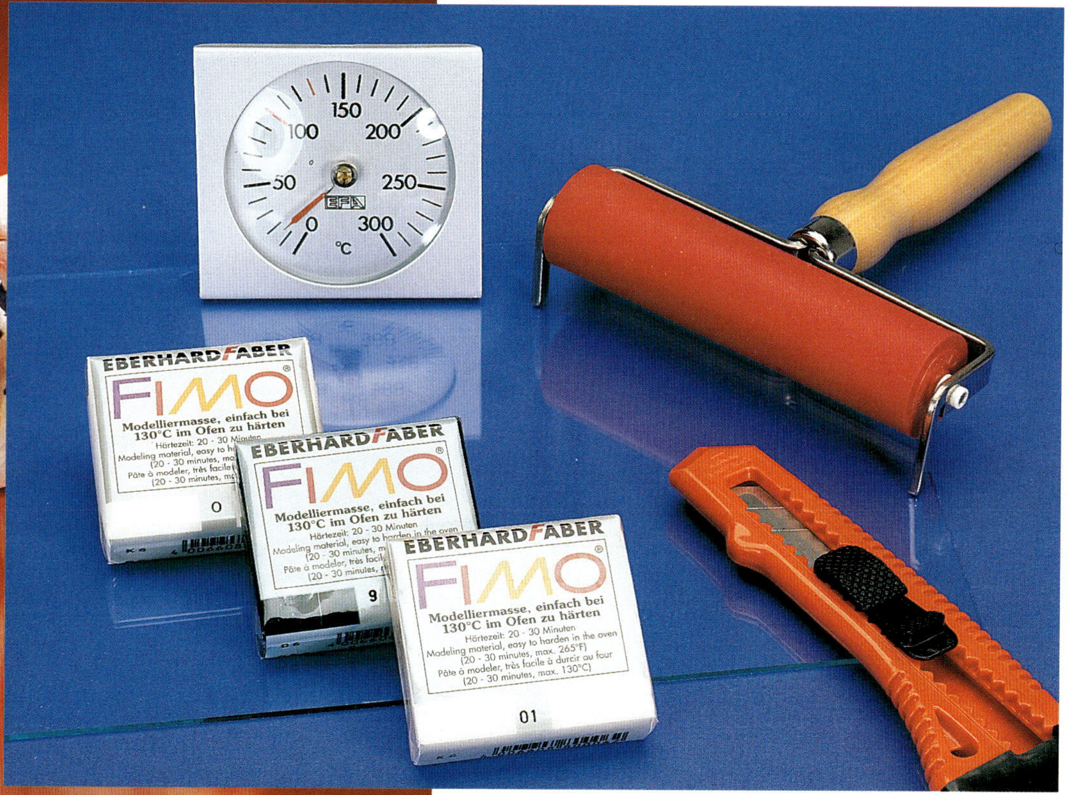

Material:

FIMO in den Farbtönen (0) Weiß, (01) Transparent und (9) Schwarz, eventuell ein Ofenthermometer; alles von EBERHARD FABER, D-92302 Neumarkt – überall im gut sortierten Hobby-Fachhandel zu erhalten. Ein Trink- oder Marmeladenglas, ein Messer, eine Glasplatte, eine Teflonrolle oder eine Flasche zum Auswalzen des FIMO und der Backofen machen die Ausrüstung komplett.

Tipp: Am besten walzen Sie die Platte auf einer Glasscheibe aus. Achten Sie darauf, dass die Fimo-Platte in ihrer Länge etwa dem Umfang und in ihrer Breite etwa der Höhe des ausgewählten Glases entspricht.

❶ Zunächst werden das weiße und transparente Fimo im Verhältnis 1:2 miteinander weichgeknetet und die beiden Fimo-Farbtöne dabei zu einer möglichst homogenen Masse gemischt. Durch das Weichkneten wird das Fimo gut formbar und lässt sich nun auch zu einer etwa 1 bis 2 mm starken Platte auswalzen.

❷ Wenn man nun unterschiedlich große, dünne Scheibchen aus schwarzem Fimo ganz willkürlich auf die weiß-transparente Fimo-Platte legt ...

Tipp: Am besten schneiden Sie die Scheibchen von verschieden starken Fimo-Strängen ab.

Und so wird's gemacht:

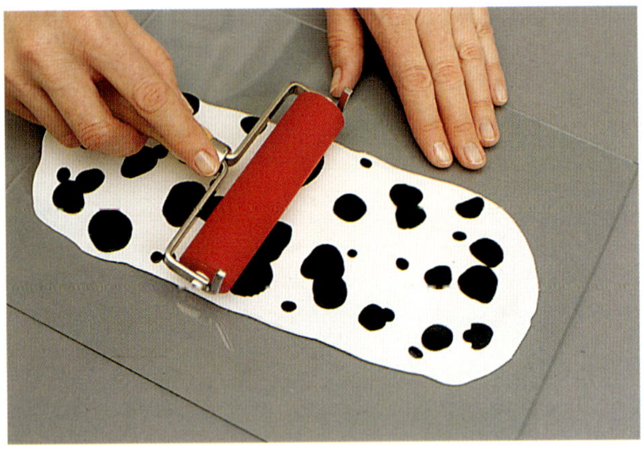

❸ ... und dann mit der Walze in die Oberfläche einrollt, erhält man eine im Dalmatiner-Look gestaltete, folienartige Fimo-Platte, ...

❹ ... die ganz einfach um das Glas gelegt werden kann. Die Überstände werden einfach abgeschnitten. Sobald das Fimo an den Nahtstellen etwas verstrichen ist und eventuell noch der eine oder andere schwarze Fleck zusätzlich aufgesetzt und eingearbeitet ist, sind die Stoßkanten nicht mehr zu sehen.

Tipp: Wenn Sie das Windlicht nach dem Härten ganz langsam im Ofen wieder abkühlen lassen, ist die Gefahr, dass das Glas springt, sehr gering.

❺ Nun kommt das Windlicht zum Härten des Fimo in den kalten Backofen. Dazu wird die Temperatur für etwa 20 bis 30 Minuten auf ca. 130 °C hochgefahren. Nach dem Abkühlen einfach ein Teelicht in das Glas geben und dieses anzünden. Bestimmt haben Sie und die Kinder noch 101 weitere gute Ideen zum Gestalten von hübschen Windlichtern aus Fimo, die auch bunt ganz toll aussehen und sich auch prima zum Verschenken eignen.

Ein lustiger Hampel-Hase

Unser Hampel-Hase
in Aktion!

Es muss nicht immer Sperrholz oder Pappe sein, um daraus einen Hampelmann zu fertigen. Wie wäre es mit einem lustigen Hampel-Hasen aus Crea-Soft, der den Kindern hilft, die lange Wartezeit auf das große Ereignis im Frühling zu verkürzen? Mit bunten Crea-Soft-Moosgummiplatten lässt sich diese Idee spielerisch und mit viel Freude an einem leicht zu verarbeitenden Material ohne große Mühe umsetzen.

Material:

Crea-Soft-Platten, Größe 20 x 30 cm, 3 mm stark in den Farben Braun und Rot sowie 2 mm stark in den Farben Grün, Apricot, Weiß und Gelb, 1 Crea-Soft-Platte 15 x 20 cm marmoriert, 1 Crea-Soft-Box, Crea-Soft-Kleber, Tiernase und Wackelaugen. Roller-Cutter, Bastelmesser, Bilderöse zum Ankleben und eine kleine Holzperle; alles von KNORR-Hobby, D-96202 Lichtenfels – überall im gut sortierten Hobby-Fachhandel zu erhalten. Eine Schere, eine Lochzange, ein Bleistift, Graphit-Papier, Karton, wasserfeste Filzstifte, Musterbeutel-Klammern und Zwirn machen die Ausrüstung komplett.

Und so wird's gemacht:

❶ Es macht zwar etwas Arbeit, wenn Sie zunächst alle Teile des Schnittmusters (Kopf, Augenweiß, Ohreninnenteile, Körper, Weste, Arme, Hose, Beine usw.) auf Karton kopieren ...

❷ ... und ausschneiden. Auf diese Weise erhalten Sie aber feste Schablonen, ...

Tipp: Sie können die Konturen und Markierungen mit Graphit-Papier durchpausen oder am Kopiergerät zwei bis drei Kopien anfertigen, die Umrisse der einzelnen Teile grob ausschneiden und diese dann auf den Karton kleben.

❸ ... die Ihnen das nun folgende Übertragen der Konturen auf das Crea-Soft (in den Farbtönen Ihrer Wahl) wesentlich erleichtern. Vergessen Sie nicht, die Markierungen für die Gelenk-Öffnungen und die Löcher, an denen später der Ziehfaden befestigt wird, mit anzuzeichnen.

❹ Jetzt geht es an das Ausschneiden der Teile. Für Moosgummiplatten mit 2–3 mm Stärke ist eine gut schneidende Schere genau das Richtige. Versuchen Sie, das Crea-Soft möglichst zügig, ohne allzu oft abzusetzen, zu schneiden. Sie vermeiden so unschöne Kanten und ungleichmäßige Rundungen.

Tipp: Für längere gerade Strecken ist ein Roller-Cutter gut geeignet. Enge Stellen, Spitzen usw. lassen sich mit einem kleinen Bastelmesser, einem Skalpell oder einer kleinen spitzen Schere prima schneiden.

❺ Achtung! Bei dieser Art mit Crea-Soft zu arbeiten, liegen häufig mehrere Lagen von Schnitt-Teilen übereinander. Dies ist unter Umständen bei unserem einfachen Schnittmuster nicht sofort zu erkennen. So liegt z. B. die Weste über dem Körper oder wie hier der violette Pinselstiel und die orangefarbene Pinselspitze über dem braunen Crea-Soft des Armes. Ganz oben befinden sich die Finger, die den Pinsel halten.

Tipp: Wenn Ihnen das gefällt, können Sie „Meister Lampe" jetzt mit einem wasserfesten Filzstift etwas „durchzeichnen". Wir haben die einzelnen Teile mit einer schwarzen Kontur versehen und noch das eine oder andere Detail wie einige Barthaare oder die Knopfleiste der Weste aufgemalt.

❻ Sobald Sie sich mit Hilfe des Schnittmusters davon überzeugt haben, dass alle Crea-Soft-Teile vorhanden und richtig ausgeschnitten sind, werden die einzelnen Teile angeordnet und mit dem Crea-Soft-Kleber entsprechend zusammengeklebt. Zusatzelemente wie Wackelaugen oder eine vorgefertigte Schnauze verleihen Ihrem Hasen noch mehr Ausdruck.

❼ Die „Endmontage" beginnt mit dem Stanzen der Gelenk-Öffnungen und dem Anbringen der kleinen Löcher für den „Ziehfaden". Mit der Lochzange geht das ganz einfach.

Tipp: Pfiffige Muster und Designs der Kleidung sorgen für noch mehr Wirkung. Sie können zum Beispiel aus einer 1 mm starken Crea-Soft-Platte ein buntes Streifenmuster auf die Weste kleben. Recht gut machen sich auch mit der Zacken- oder Wellenschere geschnittene Kleidungsteile und Schnittkanten.

❽ Nach dem Aufkleben des Kopfes wird noch schnell die „Fliege" angebracht und die mit einem Papier-Locher ausgestanzten gelben Tupfen werden auf die Hose geklebt.

❾ Das Montieren der Gelenke bzw. das Befestigen der Arme und Beine am Körper mit den Musterbeutel-Klammern ist auch kein Problem. Wenn Sie alles richtig gemacht haben, baumeln die Gliedmaßen nicht zu sehr und die Gelenke verfügen trotzdem über soviel Spiel, dass sie sich leicht bewegen lassen.

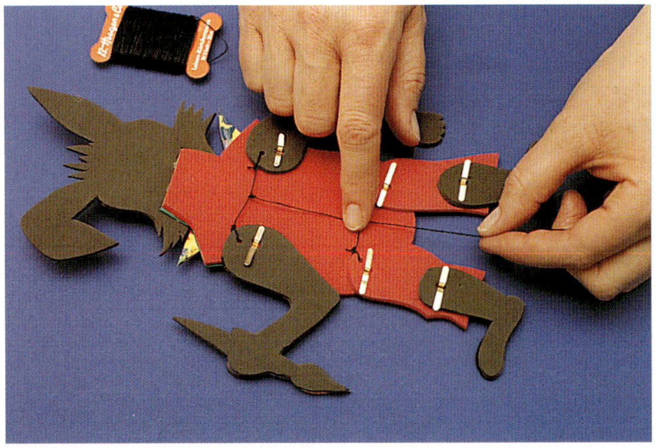

❿ Alles, was Sie jetzt noch tun müssen, ist das Anbringen des Ziehfadens (siehe Skizze). Dazu werden die Arme und Beine in „Ruhestellung" jeweils mit einem nicht zu straff gezogenen Zwirn verbunden. Ein weiterer ausreichend langer Zwirn wird dann mit dem „Armzwirn" und dem „Beinzwirn" verknüpft. An das Ende des Ziehfadens wird noch eine kleine Holzperle gebunden. Sobald Sie am Kopf die Aufhängung angeklebt haben, kann der Hase springen und hüpfen.

Das Schnittmuster für Ihren Hampel-Hasen

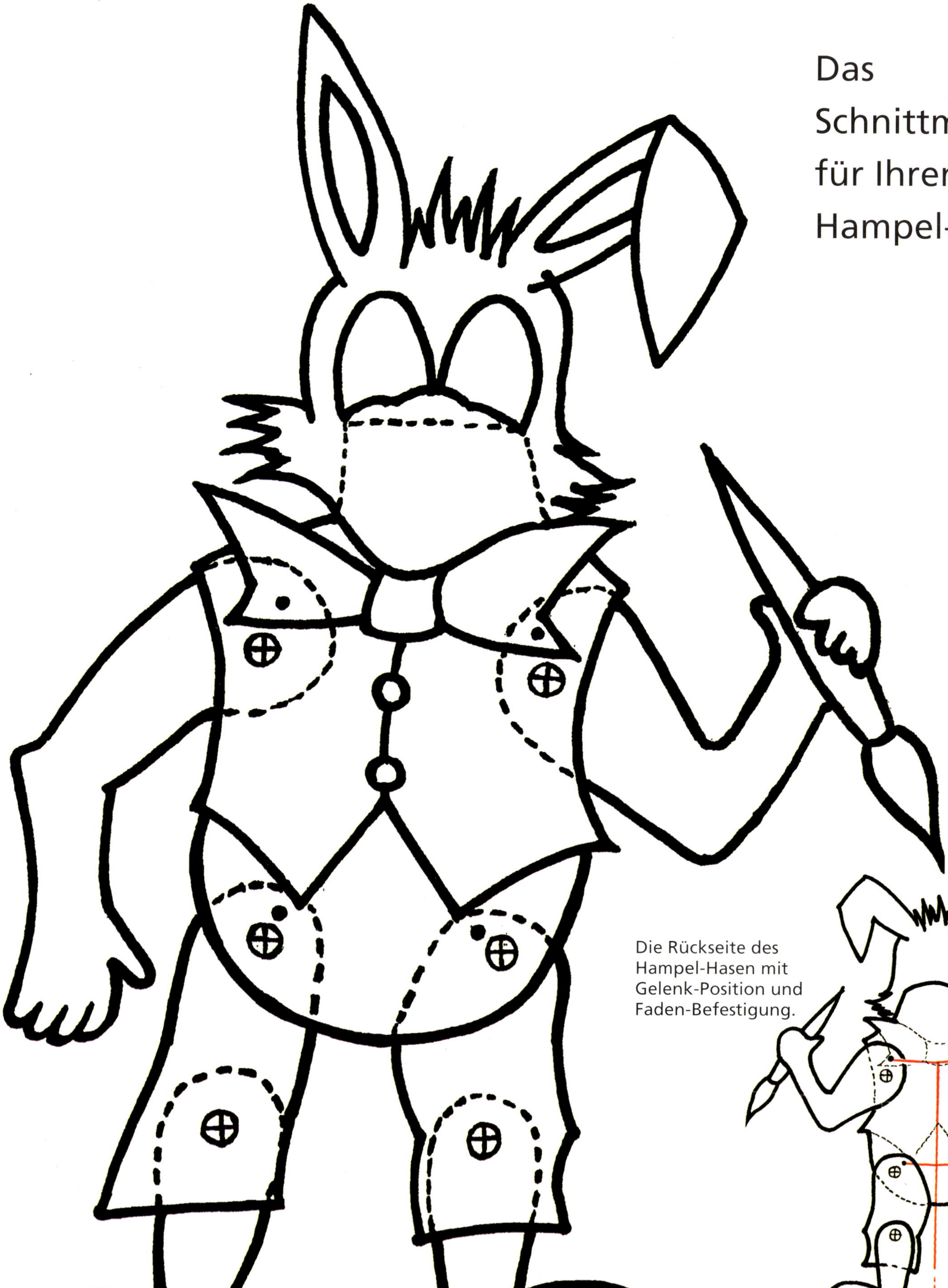

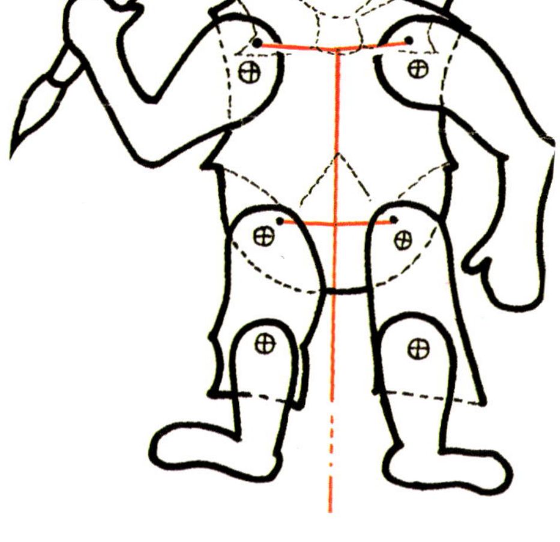

Die Rückseite des Hampel-Hasen mit Gelenk-Position und Faden-Befestigung.

Teddybären: Liebenswerte,

Wie sehr das „Fell" den Ausdruck eines Teddys mitbestimmt, zeigen unsere beiden „Bären-Geschwister". Der sitzende „Gelenkteddy antik" trägt einen ockerfarbenen Teddy-Stoff aus Baumwolle. Wegen seines flach gedrückten, verwaschenen Aussehens, welches den Teddy schon etwas „abgespielt" wie einen Teddy aus längst vergangenen Tagen wirken lässt, heißt dieser Stoff „alte Art". Sein Bruder trägt stolz einen edlen Teddy-Stoff aus 100 % Mohair, der mit seinem gewirbelten Flor an die ersten Teddys erinnert.

kuschelige Freunde

Sind die Teddys so beliebt, weil sie Brücken der Erinnerung zu den glücklichsten und auch einsamsten Augenblicken unserer Kindheit schlagen? Oder betören sie uns durch ihren treuherzigen Ausdruck und unvergleichlichen Charme immer wieder aufs Neue? Ist der Grund für das besondere Wohlwollen vielleicht darin zu suchen, dass sich die Teddybären geduldig all die Sorgen anhören, die ihnen Tag für Tag ungezählte Kinderherzen anvertrauen, oder kommt die Sympathie für unsere „bärigen" Gefährten deshalb zustande, weil sie ohne zu klagen die nicht selten „handgreifliche" Zuneigung ihrer kleinen Besitzer und Spielgefährten ertragen? So unterschiedlich die Gründe für unser Interesse an den Teddybären sind, so unterschiedlich ist auch ihr Erscheinungsbild. Der Bogen spannt sich von den kostbaren „antiken" Gelenkteddys, die der Sammler sofort an ihren großen, tief sitzenden Ohren, der relativ spitzen Nase, dem so typischen kleinen Bärenhöcker oder an den verhältnismäßig langen, schlanken Gliedmaßen erkennt, bis hin zum „modernen" Schmuseteddy, der mit seiner niedlichen Miene seinem Namen alle Ehre macht und regelrecht zum Knuddeln einlädt.

▲ Auch hier trägt der Gelenkteddy einen Teddy-Stoff aus 100 % Mohair. Die Spitzen dieser Stoffqualität sind dunkel geflammt. Durch behutsames Kürzen der dunkel geflammten Spitzen im Bereich der Schnauze, der Tatzen und Sohlen setzen sich diese Partien hell vom übrigen Stoff ab.

Eine Aufmerksamkeit, über die sich jeder freut – der niedliche, nur 15 cm große „GLOREX-Mini-Bär". Sie erhalten den Mini-Gelenkteddy zum Selbermachen in den Größen 10 cm, 12 cm und 15 cm überall im gut sortierten Hobby-Fachhandel als Komplett-Bastelpackung. ▼

Material:

Bei der Herstellung der hier vorgestellten Bären haben wir GLOREX-Plüsch- und Stoffqualitäten, die von Kunstfaser und Mischgewebe über reine Baumwolle bis hin zu Mohair reichen, verwendet. Die ebenfalls verwendeten GLOREX-Materialien, wie Augen, Nasen und Gelenkscheiben mit Sicherheitsscheiben, entsprechen den Vorschriften für die Sicherheit von Kinderspielzeug.
Wir zeigen Ihnen hier die wichtigsten Schritte, wie Sie beim Gestalten Ihres Teddys vorgehen müssen. Grundlage für unseren Teddy ist das Schnittmuster für den „GLOREX-Gelenkteddy antik". Sie erhalten beim gut sortierten Hobby-Fachhandel Schnittmuster in verschiedenen Größen. Alle Schnittmuster enthalten neben dem Vorlagenbogen auch eine genaue Anleitung.

Und so wird's gemacht:

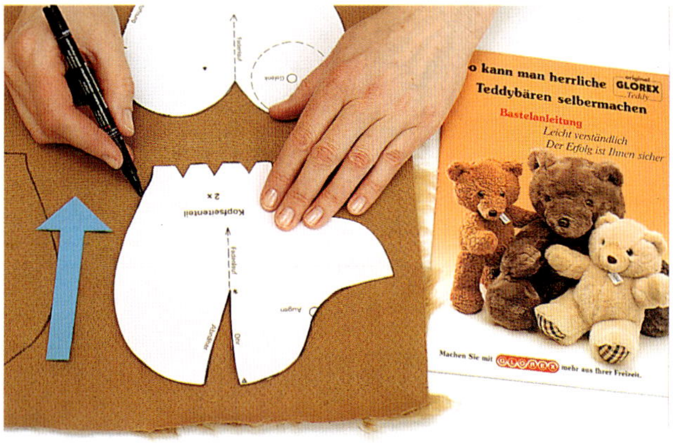

❶ Übertragen Sie zunächst alle Schnittmusterteile mit allen Angaben und diversen Markierungszeichen auf die linke Seite des Stoffes. Achten Sie darauf, dass der Fadenlauf (hier mit einem blauen Pfeil gekennzeichnet) mit der Fellrichtung übereinstimmt, und lassen Sie genügend Platz für die Nahtzugabe von etwa 1 cm, ...

❷ ... bevor Sie die Schnittteile, ohne die Fellhaare dabei zu kürzen, mit der Nahtzugabe ausschneiden.

❸ Legen Sie nun die entsprechenden Teile rechts auf rechts, fixieren Sie alles mit Stecknadeln und nähen Sie dann die Teile in nicht zu großen Steppstichen mit der Maschine zusammen.

❹ So sehen die fertig genähten Teile des Gelenkteddys aus, bevor Sie gewendet werden.

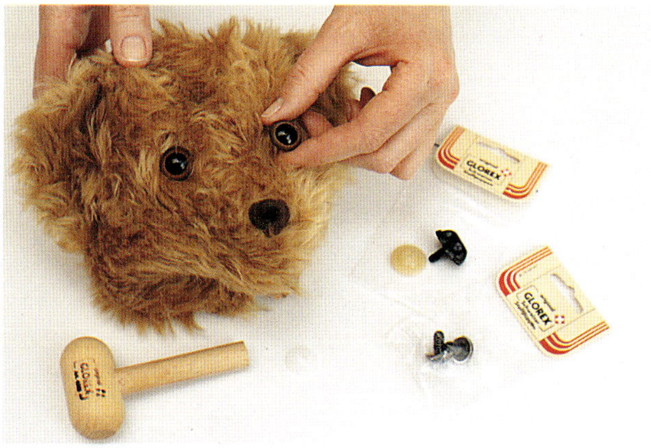

❺ Wenden Sie nun den fertig genähten Kopf. Wenn Sie Augen aus Kunststoff mit Sicherheitsscheiben verwenden wollen, müssen noch vor dem Wenden mit einem spitzen Gegenstand kleine Löcher für die Augen an den markierten Stellen in den Teddy-Stoff gestochen werden. Schieben Sie nach dem Wenden von der rechten Stoffseite aus die Stifte der Augen durch den Stoff, sodass sie in der Innenseite des Kopfes wieder herausragen. Sie können nun mit dem Scheiben-Steckschlüssel die Sicherheitsscheiben so kräftig auf den Stift drücken, bis die Augen korrekt und fest im Stoff sitzen. Genauso einfach lässt sich auch die Kunststoffnase anbringen.

❻ Nun werden die Gelenkscheiben eingesetzt. Bevor Sie die Gelenkscheibe in den Kopf einsetzen können, muss dieser allerdings noch gestopft werden, und zwar so fest, ...

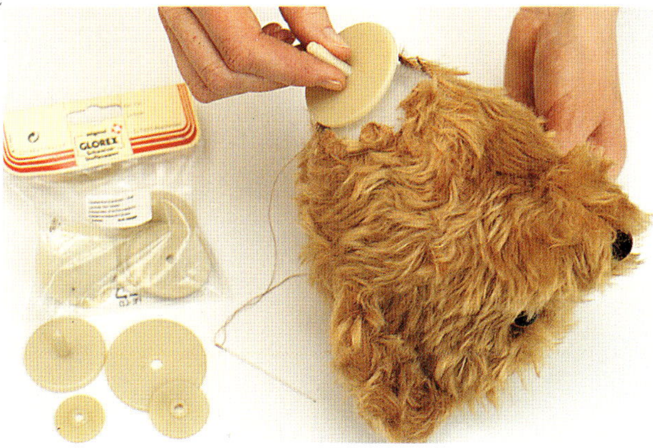

❼ ... dass die Gelenkscheibe gerade noch hineinpasst und der Stift aus der Halsöffnung herausragt. Wenn Sie nun den Stoff an der Halsöffnung ordentlich einreihen und anschließend den Handfaden festziehen und vernähen, schließt sich der Stoff ganz eng um den Stift der Gelenkscheibe.

❽ Und so klappt die Montage der Gelenkscheiben im Körper: Schieben Sie den Stift der Gelenkscheibe an der Halsöffnung durch die kleine Öffnung in den Körper bzw. führen Sie die Gelenkscheiben durch die Stopföffnung der Arme oder Beine, und drücken Sie den Stift durch die kleinen Löcher, die Sie vor dem Zusammennähen bereits gestochen haben. Stecken Sie nun den Stift durch das entsprechende Loch im Körper, legen Sie dann die Unterlegscheibe auf, und sichern Sie dann das Ganze wieder durch das Aufdrücken der Sicherheitsscheibe.

Tipp: Wenn Sie alles richtig gemacht haben, ragen alle Stifte in den Körper des Teddys.

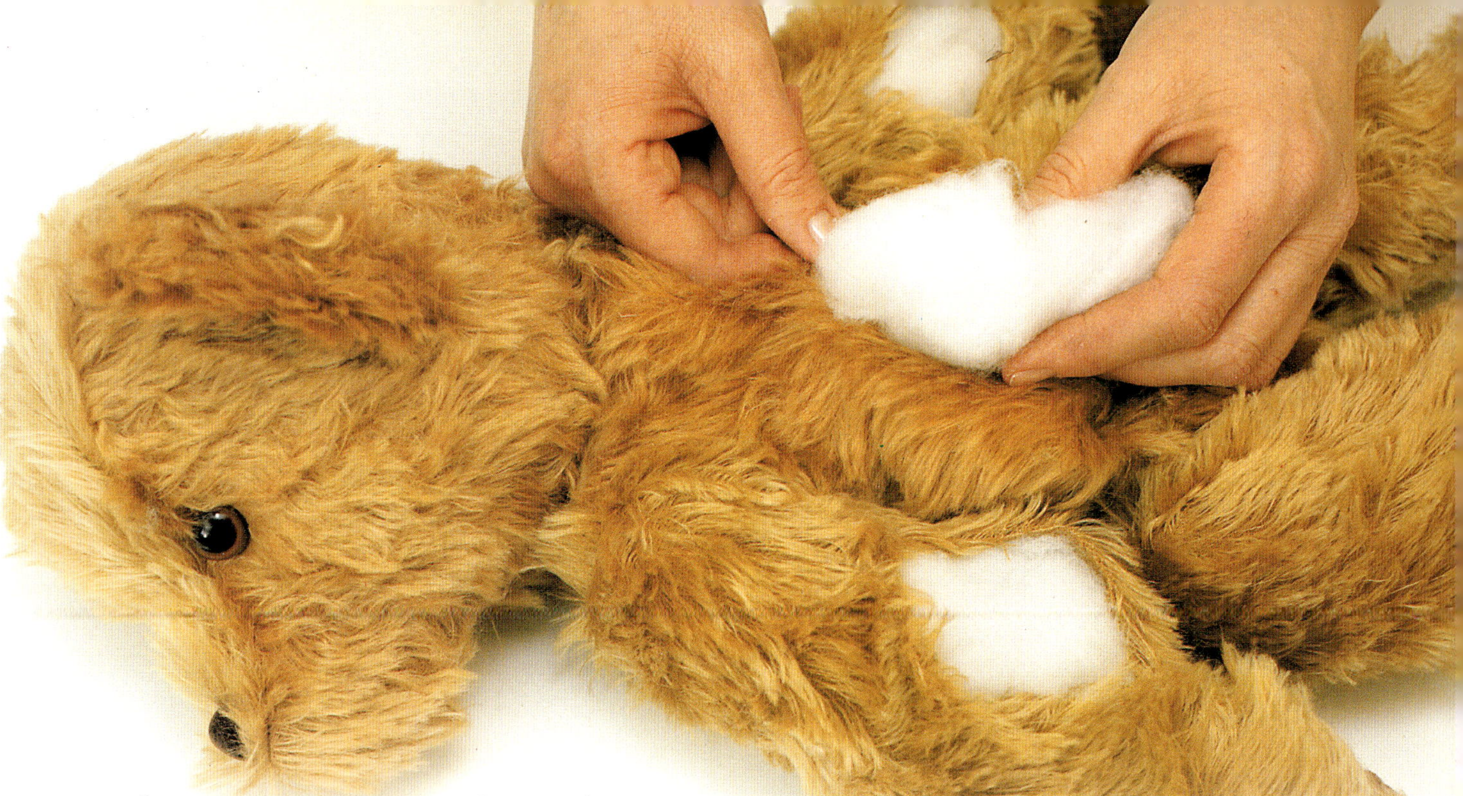

❾ Das Stopfen des Teddys gelingt am besten, wenn Sie zuerst die Arme und Beine mit der Füllwatte stopfen, und zwar zunächst jeweils die Tatzen bzw. die Füße, anschließend den Bereich, wo sich die Gelenkscheiben befinden, und anschließend den Rest. Erst jetzt ist der Körper an der Reihe. Stopfen Sie auch ihn fest und gleichmäßig. Achten Sie auch darauf, dass das Bäuchlein Ihres Teddys ordentlich gefüllt wird.

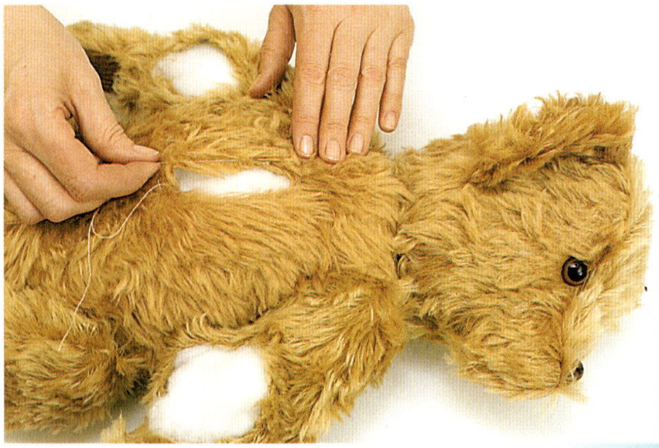

❿ Zu einem richtigen Teddybären gehört auch die Brummstimme. Lassen Sie deshalb in der Höhe der Stopföffnung etwas Platz frei. Schieben Sie dann die Brummstimme mit der durchlöcherten Klangseite zum Rücken hin in den Körper und betten Sie die Brummstimme in reichlich Füllwatte ein, sodass sie von allen Seiten bedeckt ist.

⓫ Die Stimme kann nun nach dem Schließen der Stopföffnung mit Matratzenstichen nicht mehr „verrutschen". Sobald Sie auch die restlichen Stopföffnungen an den Armen und Beinen mit dem Handfaden geschlossen haben, müssen Sie nur noch die „flauschigen Haare" des Teddyfells, die beim Nähen in die Nähte „verschlüpft" sind, mit Hilfe einer Nadel wieder sorgfältig herauszupfen – und schon ist Ihr Gelenkteddy geboren.

Wie gefälllt Ihnen der „Gelenkteddy antik" aus honigfarbenem Mohair als Weihnachtsmann? Auf dem Schlitten sitzt der Mini-Gelenkteddy.

Kaum zu glauben – bei unseren Spaziergängern handelt es sich wieder um „Gelenkteddy antik". Der Herr trägt ein etwas zotteliges Fell aus Kunstfaser. Die Bärendame wirkt in ihrem zartbeigen, melierten Teddy-Webplüsch, der einen 18 mm hohen, samtweichen Flor besitzt, richtig pummelig.

Schablonen-Technik:

Doppelter Meister Lampe

So eingerichtet fällt das Warten auf den Osterhasen etwas leichter!

Dass Meister Lampe nicht nur auf Ostereiern die Nase ganz vorne hat, kann man an dieser „Einrichtung" fürs Kinderzimmer sehen. Hier wurde eine fröhliche Osterstimmung effektvoll mit frühlingsbunten Farben und der Schablonen-Technik auf einem Lampenschirm und den Vorhängen eingefangen. Da fällt das Warten auf den Osterhasen doch gleich viel leichter. Und für richtige kleine Hasen-Fans kann man ja die Ostereier weglassen und hat damit ein Motiv, das noch den ganzen Sommer lang Freude bereitet.

Unser Häschen auf dem Lampenschirm

Material:

JAVANA TEX-Stoffmalfarbe SUNNY und OPAK in den Farbtönen Ihrer Wahl, bunte JAVANA TEX-Liner, Hobby Line-Lackmalstift, Borsten-Stupfpinsel (etwa Größe 6), Borstenpinsel, flach (etwa Größe 8), Schablonenfolie für Stencil-Technik als Zuschnitt in Größe DIN A4 oder DIN A3 und ein Schablonenmesser; alles von C. KREUL, D-91352 Hallerndorf – überall im gut sortierten Hobby-Fachhandel zu erhalten.

Und so wird's gemacht:

❶ Zunächst wird die Schablone angefertigt. Legen Sie dazu die Schablonenfolie auf das von Ihnen ausgewählte Motiv. Fixieren Sie die Folie, damit sie nicht verrutschen kann, und übertragen Sie die Umrisse des Motivs mit dem Lackmalstift auf die Folie. Schneiden Sie dann auf einer geeigneten glatten Unterlage (z. B. Karton) das Motiv entlang der übertragenen Konturen mit dem Schablonenmesser aus.

❷ Legen Sie jetzt die ausgeschnittene Folie auf die glatte und faltenfreie Oberfläche des Stückes bzw. des Stoffes. Vergessen Sie nicht, die Folie wieder mit Klebeband vor dem Verrutschen zu sichern, ...

Tipp: Warten Sie vor einem weiteren Farbauftrag immer so lange, bis der vorangegangene Farbauftrag getrocknet ist.

❸ ... bevor Sie den ersten Farbton der Stoffmalfarbe mit dem Stupfpinsel, der nur noch wenig Farbe enthält, auftragen. Wir haben hier mit dem braunen Fell des Hasen begonnen. Sie können auch verschiedene Farbflächen ineinander setzen. Sie müssen dazu nicht unbedingt eine zweite Folie schneiden. Es klappt auch ganz gut, wenn Sie mit einem spitzen Gegenstand den Ausschnitt während des Auftragens des ersten Farbtons auf der freizuhaltenden Fläche fixieren, wie wir das z. B. bei den Innenseiten der Ohren getan haben, ...

❹ ... und dann, nachdem die erste Farbe völlig getrocknet ist, den ausgeschnittenen Innenteil der Ohren wieder entfernen, die Schablone wieder möglichst passgenau auflegen und die vorher freigehaltene Stelle mit Farbe ausfüllen.

Tipp: Ein großer Vorteil der Schablonen-Technik besteht u. a. auch darin, dass Sie das einmal ausgeschnittene Motiv immer wieder aufbringen können. Dazu müssen Sie lediglich die Folie an die gewünschte Stelle bringen und fixieren. Auf diese Weise sind unser Lampenschirm und der Rapport des Vorhangs entstanden.

Einfach lieb – die Motive auf dem Vorhang im Kinderzimmer.

❺ Sobald die Stoffmalfarbe vollständig getrocknet ist, können Sie mit dem Liner direkt aus der Tube noch hübsche Effekte setzen. Wir haben beispielsweise mit schwarzem und gelbem Liner noch einige Linien gezogen, die rosa Primel-Blüten durchgezeichnet und mit violettem Liner lustige Tupfen auf die Kleidung des Hasen gesetzt. Nach dem Trocknen der Stoffmalfarbe wird sie durch Bügeln (Einstellung Baumwolle) von der Stoffrückseite fixiert. Unseren Lampenschirm haben wir einfach heiß geföhnt. Die Farben sind nun lichtecht und waschbeständig. Den gleichen Effekt erreichen Sie aber auch, wenn Sie die Farben mindestens drei Tage an der Luft trocknen lassen.

Die Vorlagen lassen sich mit einem Kopiergerät auf die von Ihnen gewünschte Größe bringen.

Fingermalfarben:

Ein individuelles Geschenkpapier

Hergestellt mit viel kindlicher Kreativität und mit neugierigem Ausprobieren der Farben, ist selbst gemachtes Geschenkpapier eine prima Idee und macht auch aus einer kleinen Aufmerksamkeit ein ganz besonderes Geschenk. Den kleinen Künstlern macht der Umgang mit den pädagogisch wertvollen Fingerfarben immer riesengroßen Spaß, besonders dann, wenn z. B. ältere Geschwister, Mutter oder Großmutter der Aufforderung nachkommen, sich mit Finger, Schwamm, Spachtel oder Pinsel an den farbenfrohen Werken zu beteiligen. Es macht aber keinen Unterschied, ob Sie den Kindern freien Lauf lassen beim Entdecken der bunten Welt der Farben oder sich ganz behutsam einbringen. Das Ergebnis ist immer das gleiche, nämlich ein gelungenes Beispiel kindlicher Fantasie und Kreativität.

Material:

Alles, was Sie brauchen, sind die MALI Fingermalfarben von EBERHARD FABER, D-92302 Neumarkt, die Sie im Fachhandel auch auswaschbar erhalten. Mit diesen Farben können Kinder ab 3 Jahren mit dem Finger, Schwamm, einer Spachtel oder einem Pinsel auf Papier, Pappe, Holz, Glas oder Stein malen. MALI Fingermalfarben lassen sich von den Händen mit Wasser und Seife leicht abwaschen. Die Kinder haben noch mehr Freude an den Farben, wenn Sie textile Bodenbeläge abdecken und ihnen zum Arbeiten mit den Farben alte Kleider anziehen.

Und so wird's gemacht:

❶ Das Malen mit den MALI Fingerfarben ist wirklich kinderleicht. Einfach den Deckel abschrauben, den Finger in die Farbe tauchen ...

❷ ... und loslegen. Am meisten Freude bereitet natürlich das freie Arbeiten. Gerade bei den Kleinsten ist die Begeisterung dafür ganz groß. Kinder im Vorschulalter und ABC-Schützen haben aber auch noch Freude an den Fingerfarben. Sie arbeiten auch schon einmal gerne nach Vorlagen.

Kleine Farbenlehre:

MALI Fingermalfarben sind besonders für großflächiges Malen geeignet und untereinander mischbar. Den Kindern macht es natürlich Spaß zu sehen, wie aus Blau bei Zugabe von reichlich Gelb Grün entsteht, aus Rot und Blau Violett wird oder aus Gelb und Rot ein kräftiges Orange. Durch das Mischen verschiedener Farbtöne können die Kinder also nahezu jeden Farbton erreichen. Am besten zeigen Sie den Kindern mit einer kleinen „Farbenlehre" wie einfach das ist.

Mit etwas Geduld und ein wenig Hilfe von Mama wurde dieses wunderschöne Geschenkpapier geschaffen!

Das Ergebnis der kindlichen Bemühungen kann so aussehen – ein Geschenk verpackt in Papier mit österlichen Motiven.

Auch auf Holz sind die Kleinen mit Fingermalfarben recht erfolgreich. Thomas hat dieses kleine Bild mit den Fingern, einem kleinen Schwamm und dem Pinsel gemalt. Ein prima Geschenk für Oma.